THEOLOGISCHE MEDITATIONEN

HERAUSGEGEBEN VON HANS KÜNG

39

JOHANNES FISCHER
UND SEINEN FREUNDEN
ZWISCHEN DEN ZEITEN

EBERHARD JÜNGEL

GOTT — FÜR DEN GANZEN MENSCHEN

BENZIGER VERLAG

INHALT

VORWORT

Versteht man unter «theologischen Meditationen» Versuche, mit geöffneten Augen über Gott und die Welt laut nachzudenken, dann mag man auch die vorliegenden *Predigten* diesem literarischen Genus zuordnen. Gehen sie doch davon aus, daß Gott sich nur erschließt, wenn man die Augen vor der – schönen und häßlichen, beglückenden und erschreckenden – Wirklichkeit der Welt nicht verschließt. Mit Hilfe biblischer Texte sich die Augen öffnen und den Blick schärfen zu lassen, um allzuoft Gesehenes neu und gar zu leicht Übersehenes überhaupt wahrzunehmen – das dürfte im Unterschied zur «transzendentalen» der Sinn der christlichen Meditation sein. Die vorliegenden Predigten, die bei verschiedenen Anlässen gehalten wurden, wollen jedenfalls durchaus als solche von der Wahrnehmungskraft biblischer Texte angeleiteten Versuche, besser sehen zu lernen, verstanden werden. Sie lenken den Blick auf eine – der Sehnsucht nach Freude nur zu oft und zu sehr widersprechende – Welt voller Leid, doch in ihr nun eben nicht nur auf den leidenden Menschen, sondern ebenso auf den für uns leidenden Gott. Vom verachteten Gottesknecht, den niemand sehen mag und auf den zu blicken doch allein unser Heil ist, wird folglich die Rede sein. Und von dem Gott, der nicht nur im Hintergrund aller Dinge wirkt, sondern durchaus auch unübersehbar in den Vordergrund des menschlichen Lebens tritt: ganz und gar göttlich und ganz und gar menschlich! Und entsprechend

7

kommt der Mensch zur Sprache, der in jeder Hinsicht auf Gott bezogen sein darf und gerade so zu sich selbst kommen soll: ganz und gar geistlich und ganz und gar weltlich. In diesem Sinn ist von der Liebe zu reden, die sich ängstigt und dennoch die Furcht austreibt, indem sie dazu ermutigt, keine Angst vor der Angst zu haben. Und von der Wahrheit, die den Menschen frei und aufs neue zum Ebenbild Gottes macht. Wir sind der Liebe die Wahrheit schuldig. Denn Liebe will heilen. Doch nur der wahre Mensch ist *der ganze Mensch*, der zu werden wir bestimmt sind, obwohl er vom Leben und vom Tod gleichermaßen in Frage gestellt wird. Auch am Grabe hat deshalb das in die Wahrheit führende Wort seinen Sitz im Leben. Das soll die das Bändchen abschließende Trauerpredigt andeuten. Vielleicht vermag sie auf ihre Weise die Augen dafür zu öffnen, wofür alle Predigten Hinweise sein wollen: daß Gott für den ganzen Menschen und deshalb der Mensch ganz und gar für Gott da ist.

Segl-Baselgia, im September 1975

Eberhard Jüngel

GOTT – FÜR DEN GANZEN MENSCHEN

1 Auf! Alle Durstigen, kommt zum Wasser!
Und auch wer kein Geld hat, kommt!
Kaufet und esset, kommt und kauft
ohne Geld und ohne Preis Wein und Milch!
2 Warum wägt ihr Geld ab für Brot, das nichts
wert,
eurer Mühe Lohn für Nahrung, die nicht sättigt?
Hört, hört auf mich, daß ihr Gutes zu essen habt,
daß sich am Fetten eure Seele labe!
3 Neigt euer Ohr, kommt zu mir,
hört zu, daß euer Herz auflebe!
Ich will mit euch einen bleibenden Bund
schließen
auf die unverbrüchlichen Gnadenzusagen an
David.
4 Siehe: zum Zeugen für Völker machte ich ihn,
zum Fürsten und Gebieter von Nationen.
5 Siehe: Volk, das du nicht kennst, rufst du,
Volk, das dich nicht kennt, zu dir laufen sie
um des Herrn, deines Gottes willen
und des Heiligen Israels, denn er verherrlicht
dich (Jes 55,1–5).

In manchen Schaufensterläden oder auch auf einer Kunst-
ausstellung sieht man mitunter ein Schild, auf dem steht:
unverkäuflich. Man weiß dann: das ist nicht für Geld zu
haben. Man weiß also, daß man keine Chance hat, das
so ausgezeichnete Stück zu erwerben. *Es sei denn*, der
Besitzer würde es verschenken.

Nicht für Geld zu haben, aber dennoch zu haben sind
die Dinge, die jener Schreihals anbietet, dessen Stimme
uns da eben aus dem Buche Jesaja ins Ohr gedrungen ist.

Keine Frage, das ist Reklamesprache: kommt, kauft, eßt, genießt – Wasser, Brot, Milch, Wein, Fettes, Gutes, kurz: etwas zum Sattwerden. Und schmecken soll es auch.

Sehr sinnlich werden hier Menschen auf das angesprochen, was man zum Leben braucht, und dazu auf das, was das Leben erst schön macht. Das hört auch ein Mensch unserer Tage, das hören auch wir mit Interesse. Das spricht an. Nur daß sich unsere Seele ausgerechnet *am Fetten* laben soll, lockt uns vielleicht weniger. Damit zu werben, empfiehlt sich heutzutage nicht gerade. Jedenfalls bei uns. Doch vergessen wir nicht, daß das noch immer der sehnlichste Wunsch vieler hungernder Menschen ist: nicht nur von Wasser und Brot oder gar von noch weniger leben zu müssen, sondern sich wirklich einmal satt essen, sich am Fetten laben zu können.

Es wirkt also immer noch, was da auf irgendeinem orientalischen Markt einmal ausgerufen wurde. Eines freilich nimmt sich merkwürdig aus und ist so ohne weiteres nicht zu begreifen. Die Aufforderung nämlich: Kauft ohne Geld! Gemeint ist ja nicht: Kauft bargeldlos! Oder: Kauft zu niedrigsten Preisen, so gut wie geschenkt! Das kennen wir und sind mit Recht mißtrauisch, wenn uns dergleichen angeboten wird. Doch hier wird nicht etwas *so gut wie* geschenkt, für das man dann hinterher oft genug doppelt und dreifach bezahlen muß. Nein, hier wird man wirklich *beschenkt*, ohne jemals dafür bezahlen zu müssen. Der Mensch, der hier zugreift, wird hernach weder doppelt noch dreifach, er wird überhaupt nicht zur Kasse gebeten. Er soll nur nehmen.

Merkwürdiges Angebot! Wunderlicher Schreihals!

Doch es wird alles *noch* merkwürdiger und wunderlicher, wenn wir uns klarmachen, wer da eigentlich zu uns redet. Denn der Schreihals, dessen Worte uns so sinnlich ansprechen, ist kein anderer als der Herr, unser Gott. Und was er zu bieten hat, kostenlos und gratis, das sind Worte, nichts als Worte – aber eben *seine* Worte. Gottes Worte sind in der Tat unbezahlbar. Wer sie haben will, muß sie sich schenken lassen.

Nichts als Worte? Und dafür solch ein Geschrei? Und überhaupt dies Geschrei! Was hat denn Gott in dieser marktschreierischen Rolle zu tun? Sehr liturgisch klingt das jedenfalls nicht. Die Stimme des Marktschreiers harmoniert nicht so recht mit unserer Kirche, weder mit der zelebrierenden noch mit der ach so dezent und verhalten predigenden Kirche. Die Stimme aus dem Buch Jesaja hielt es für angebracht, deutlich zu werden.

Doch das nun allerdings auf merkwürdige Weise. So nämlich, daß einige der uns geläufigen Gegensätze und Alternativen zu wackeln beginnen oder auch einfach schal und unnütz werden. Nichts als Worte – auch das könnte am Ende nichts als eine dumme Redensart sein. Dann zum Beispiel, wenn wir es wagen, die unerhört sinnliche Kraft dieser prophetischen Worte ernst zu nehmen. Und dann, wenn wir auch dies einmal wagen: Gott in der Rolle eines Schreihalses ernst zu nehmen. Gott als Marktschreier – der wie die entsprechenden Figuren auf den Marktplätzen der Welt auf etwas aufmerksam machen will. Es könnte sein, daß wir durch jenen Schreihals wirklich etwas von dem erfahren, was Luther sehr einfach so formuliert: Gott will uns damit locken…

Man fühlt sich ja in der Tat an eine der vielen lockenden Stimmen eines Jahrmarktes erinnert. Dort trifft man sie ja: die Ausrufer und Werbetrommler, die mit allen nur erdenklichen Mitteln auf sich aufmerksam machen. Das Ohr der Kinder haben sie sofort, ganz egal, ob sie nun gebrannte Mandeln, türkischen Honig, das Riesenrad oder die zersägte Frau anpreisen. Für die Kinder ist hier das Leben bunt, aufregend, kurz: lebendig. Und nicht wenige Erwachsene beneiden die Kinder darum, daß sie auf alle diese Jahrmarktsangebote noch so unmittelbar reagieren können. Ihnen bleibt der schale Geschmack noch erspart, der sich uns Älteren aufdrängt, wenn wir merken, wie sehr gerade da, wo das Leben so besonders lebendig zu sein scheint, vorbeigelebt wird am wirklichen Leben.

Auch aus dem Buche Jesaja dringt Marktgeschrei an unser Ohr. Auch es verspricht buntes, sinnliches, lebendiges Leben. Doch es ist ein Wissen dabei um die uns alle bedrohende Gefahr, vorbeizuleben am lebendigen Leben. Damit das nicht geschieht, damit wir das lebendige Leben nur ja nicht verfehlen, deshalb wählt der Prophet diese ungewöhnliche Redeform. Deshalb läßt er Gott in der Rolle eines Marktschreiers auftreten, läßt er ihn unüberhörbar und unübersehbar *in den Vordergrund* treten.

In der Regel suchen wir ihn dort ja nicht. In der Regel vermuten wir Gott eher im Hintergrund des Lebens. In der Tiefe zum Beispiel, aus der wir Kraft schöpfen und in der wir den Sinn unseres Lebens suchen. Und in der Höhe natürlich, so daß man zu ihm aufsehen und sich an ihm aufrichten kann. Im Hintergrund, in der letzten Tiefe und höchsten Höhe – da lassen wir Gott gerne Gott sein. Und wir wissen dann allerlei in der Tat sehr Hintergründiges, Tiefsinniges und Hochgemutes von Gott zu sagen. Das ist auch in Ordnung so. Denn Gott *ist* durchaus im Hintergrund aller Dinge, der uns verborgen bleibt. Gott *ist* in der Höhe, die uns schlechthin überlegen ist. Und er *ist* in der Tiefe, die niemand ausloten kann. Aber er wäre nicht Gott, wenn er aus dem Hintergrund nicht auch hervortreten könnte. Er wäre nicht Gott, wenn er uns nicht auch in den Weg treten würde.

Könnte? Würde? In unserem Predigttext tut er es. Da tritt Gott unübersehbar in den Vordergrund unseres Lebens. Und er tut es, damit Vordergrund und Hintergrund unseres Lebens nicht auseinanderfallen, sondern eins werden. Wir sollen nicht vordergründig weltlich sein, um dann hintergründig geistlich zu werden. Wir sollen beides zugleich sein: ganz und gar weltlich und ganz und gar geistlich. Und damit das gelingt – deshalb tritt Gott in den Vordergrund unseres Lebens. Wenn das geschieht, und wenn wir dann unsererseits Gott auch im Vordergrund unseres Lebens ernst nehmen, dann beginnen wir, *ganze Menschen* zu werden.

Den ganzen Menschen sprechen ja schon die Bilder unseres Textes an. Sie sind kontrastreich, ja widerspruchsvoll – kontrastreich und widerspruchsvoll wie das Leben selbst. Ungeniert erinnern sie an das animalische Bedürfnis eines jeden Menschen nach Speise und Trank, das gestillt werden muß, wenn der Mensch Herr seiner selbst bleiben soll. Und darüber hinaus wird einem sogar der

Gaumen gekitzelt. An frisches Brot darf man denken, an Käse und alten Wein, so daß einem schon das Wasser im Mund zusammenlaufen kann. Die Pointe freilich ist geistlich. Sie zielt auf das Ohr. Am Schluß heißt es: hört.

Wenn wir das jetzt tun, wenn *wir* jetzt *hören*, dann laßt uns nur ja das scheinbar so Vordergründige, das elementar und lusterregend Sinnliche nicht überhören und übersehen. Wir könnten uns selbst dabei übersehen. Vor allem aber: wir könnten Gott dabei übersehen und überhören – wie er wohl immer dann übersehen und überhört wird, wenn man sich von ihm nicht als ein *ganzer Mensch* ansprechen läßt. Zum ganzen Menschen aber gehört eben auch das, wir das Vordergründige nennen: die Oberfläche. Es ist immerhin das Einzige, was wir von unseren Mitmenschen und von uns selbst überhaupt zu Gesicht bekommen. Wir sehen immer nur die Oberfläche.

Sicher, in diesem Vordergrund kann plötzlich etwas Anderes aufleuchten. Aus einem Gesicht kann uns plötzlich ein Mensch anschauen, ein Ich mit ungeahntem und unausmeßbarem Hintergrund, voller Tiefe. Aber eben: Wir erkennen das Ich eines anderen Menschen, wir erfahren von seinem Inneren nur dadurch, daß das andere Ich in und mit aller seiner Hintergründigkeit und Tiefe in den Vordergrund tritt. Dann sind da wirklich nicht mehr nur zwei Augen, sondern ein Blick. Nicht mehr nur zwei Ohren, sondern ein Hörer des Wortes. Nicht mehr nur zwei Lippen, sondern ein menschlicher Ausdruck, ein Seufzer vielleicht oder auch ein Kuß. Nicht mehr nur ein Körper, sondern ein sich selbst mitteilender und ein sich selbst empfangender Mensch und in manchen glücklichen Augenblicken sogar beides zugleich. Und dazu gehört mehr als nur ein Mensch. Dazu gehören mindestens zwei. Erst wenn wir einem anderen Menschen begegnen, werden bei uns Vordergrund und Hintergrund eines. Erst dann ist der Mensch ganz da. Dann wird er ein ganzer Mensch. Ein ganzer Mensch wird man erst dann, wenn man bei einem anderen ist. Dazu gehört aber eben auch dies: daß das menschliche Ich aus seinem Hintergrund hervortritt.

Ohne den Vordergrund hingegen, den wir sinnlich nennen, ist auch der Hintergrund einfach nicht da. Ohne das Leben des Leibes erstirbt auch der Geist. Wehe uns also, wenn wir den wahren Menschen nur im Hintergrund suchen! Was wir da finden würden, ist, wenn wir dort überhaupt etwas fänden, allenfalls ein Gespenst. Und entsprechend gespenstisch ist denn auch der Umgang von Menschen miteinander, die sich dessen schämen, daß sie einen – zugegebenermaßen sehr anfälligen – Körper nicht nur mit einem Kopf, sondern mit Beinen, Armen, Händen und noch einigem mehr besitzen und daß sie alles sogar selber *sind*.

Gegen ein solches Gespensterleben von Menschen votiert unser Text mit seinen Kontrasten. Die *Pointe* ist, wie gesagt, geistlich. Die *Seele* soll leben. Und die «lebt nicht vom Brot allein, sondern von einem jeglichen Wort, das durch den Mund Gottes geht». Aber gerade wenn wir auf Gottes Wort achten, in unserem Fall also auf den Schreihals aus dem Buche Jesaja, springt uns auch schon das Kontrastbild in die Augen. Merkwürdig genug wird da beides verbunden: «Hört, hört auf mich, daß ihr Gutes zu essen habt, daß eure Seele sich labe am Fetten!» Hammelfett dürfte gemeint sein, eine Delikatesse für den orientalischen Menschen, für den Fleisch teuer und selten war.

Zum Hören auf Gottes Wort gehört hier also die Freude am Fetten, am Gesottenen und Gebratenen, dessen Duft in die Nase steigt und durch die Nase hindurch die Seele genauso erreicht wie das durch das Ohr in uns eindringende Wort. Die Seele wird nicht nur durch das Ohr, sondern auch durch den Magen und durch die Nase ernährt. Es gibt ja Gerüche und Speisen, die, wenn sie uns in die Nase steigen, in der Tat den ganzen Menschen aufleben lassen. Den ganzen Menschen aufleben zu lassen – das verspricht uns auch jener Schreihals, wenn wir auf ihn *hören*, ganz einfach hören. Er traut seinem Wort dies in der Tat zu: daß es die Konkurrenz mit dem Duft eines Hammelbratens aufnehmen kann. Hören wir zu, was er zu sagen hat!

Es ist wiederum ein Kontrast, mit dem die Zuhörer jenes eigenartigen Schreihalses konfrontiert worden sind. Angeredet waren Israeliten. Jedenfalls unmittelbar. Israel wird von jenem Schreihals auf seine Zukunft angesprochen. Und die soll herrlich sein. So herrlich, daß davon am Ende sogar alle Welt angesprochen sein wird. Eine Zukunft wird hier in Aussicht gestellt, wie sie triumphaler kaum vorgestellt werden kann. Der königliche Glanz eines berühmten Namens wird bemüht: der König David, dessen Wirken von politischen Erfolgen gekrönt war, wird beschworen. In seinen Erfolgen wußte sich Israel sichtbar gesegnet. Mit David hatte Gott einen

Bund geschlossen. Ein Bund – das ist etwas, worauf man sich verlassen kann. In unserem Fall steht der Name Davids dafür gut, daß man sich auf *Gott* verlassen kann. Auf Gott ist Verlaß. Einst, jetzt und in Zukunft. Der König David soll also nicht dazu herhalten, die gute alte Zeit zu beschwören. Er soll vielmehr eine Vorstellung davon erwecken, was Israel, was dem Volk Gottes *bevorsteht* und welche Freude dann von Israel ausgeht und *allem Volk*, der *ganzen Welt* widerfahren wird: «Siehe: Volk, das du nicht kennst, rufst du; Volk, das dich nicht kennt, zu dir laufen sie – um des Herrn, deines Gottes willen und des Heiligen Israels, denn er verherrlicht dich.»

Eine Zukunft wird hier in Aussicht gestellt – eine Zeit, ein Tag wird kommen, da wird Israel selbst im Fetten sitzen. So sehr im Fetten, daß nicht nur *seine* Seele, nicht nur *dieses* Volk Gottes auflebt, sondern fremde Völker hinzueilen, um ihrerseits davon zu profitieren. Man soll sich das wohl so denken: daß die Gerüche des Festmahles, das dann fällig ist, den Völkern der ganzen Welt in die Nase stechen, so daß sie sich in Marsch setzen – dorthin, wo es etwas und mehr als nur etwas zu holen gibt. Und sie werden bekommen, wonach ihr Herz mitsamt Magen und Gaumen begehrt. Welch eine Zukunft!

Die Gegenwart freilich sieht anders aus, sehr anders sogar. Die Gegenwart des Volkes, dem diese großartige Zukunft verheißen wurde, sah schrecklich aus. In Marsch gesetzt hatten sich fremde Völker durchaus. Aber nicht um diesem Volk und seinem Gott Ehre zu erweisen und von seinem Überfluß zu profitieren, sondern um diesem Volk zu nehmen, was es hat, und es dann auch noch selbst mitzunehmen in fremdes Land, zu fremdem Dienst. Es war ein politisch geschlagenes und geknechtetes Israel, dessen Gegenwart der beschworenen Zukunft ganz einfach Hohn sprach.

Die jeweilige Gegenwart sprach der verheißenen Zukunft Israels dann noch oftmals Hohn. Und von den fremden Völkern, unter denen die Juden zu leiden hatten, hat sich unser, das deutsche Volk einen besonders schrecklichen Namen gemacht. Und nicht einmal das «wahre Israel», wie sich die Christenheit mit einem Ehrennamen und durchaus zu Recht selber genannt hat, nicht einmal die Kirchen haben im Dasein des jüdischen Volkes ihr eigenes christliches Geheimnis respektiert. Und so war denn durch Jahrhunderte und Jahrtausende hindurch die Größe dieses Volkes noch immer geprägt von der Größe seines Elends. Auf die *Zukunft* jedenfalls, da es selber im Fetten sitzen wird und die Völker der Welt sogar noch von seinem Überfluß zehren werden, auf diese Zukunft wartet Israel noch immer.

Aber eben – es wartet. Das ist das bestürzend andere und erregend Geheimnisvolle an diesem Volk: es kann warten. Und es wartet noch immer auf eine Zukunft, die ihm verheißen ist. Wie ist das möglich? Wie kommt ein Volk dazu, allen Umständen zum Trotz, Jahrhunderte und Jahrtausende lang *zu warten?* Unser Text gibt uns einen Hinweis. Und die Geschichte Israels bestätigt ihn. So warten kann nur ein Volk, das können nur Menschen, die nicht von Brot, Wasser und Wein allein ernährt werden, sondern die sich zugleich von einem sie anredenden Wort ernähren lassen und von ihm zehren – von einem

Wort, das zumindest genauso tief in den Menschen eindringt wie der Geruch eines gesottenen oder gebratenen Hammels in die Seele eines hungrigen orientalischen Menschen.

Und das kann alle Welt von Israel lernen. Das können vor allem die christlichen Kirchen von dem alten Volk Gottes lernen: daß zum Warten-können ein Wort gehört. Und zwar ein Wort, das uns nicht nur vertröstet auf eine Zukunft, die doch niemals kommt, sondern das uns des kommenden Gottes gewiß macht. Gott ist im Kommen. Und dieser Kommende schließt in der Gegenwart einen bleibenden Bund mit uns, damit wir uns ganz auf ihn verlassen. Und er tut das, indem er uns anspricht, indem er *Worte* macht, solche Worte, die uns seiner gewiß machen. Es gibt sie genauso, wie es ja auch die verunsichernden und verletzenden Worte gibt, die ebenfalls tief in uns eindringen und mitunter ein ganzes Leben kaputt machen können. Solche bösen und solche guten Worte informieren nicht nur. Sie kündigen auch keineswegs nur etwas an, das jetzt noch fehlt. In einem gewiß machenden Wort kommt vielmehr etwas an bei uns. Man sagt ja auch sonst von einem Menschen, dessen Worte zu überzeugen verstehen: der ist angekommen. Und genau darauf hat es auch Gott abgesehen: er will ankommen. Ja, es ist das Schönste, was sich von Gott überhaupt sagen läßt: der ist angekommen.

Damit es dazu kommt, damit Gott ankommt bei uns – deshalb macht er Worte. Deshalb allein läßt er es zu, daß auch wir mehr oder weniger komischen Theologen von ihm und über ihn so viele Worte machen. Denn in jedem wirklich von Gott redenden Wort steckt die Chance, daß er selber ankommt bei uns. Und wo immer das wirklich geschieht, da werden Menschen dessen gewiß: daß einst auch sein Reich kommt und daß es menschlich, sehr menschlich ist, darauf zu warten. Gewiß nicht ohne Ungeduld. Gewiß nicht ohne brennende Leidenschaft. Aber eben dies ist die Signatur des alten und auch des neuen Volkes Gottes, das zeichnet alle seine Glieder aus: nämlich leidenschaftlich Wartende zu sein.

Leidenschaftlich zu warten: das ist etwas Anderes als nur auf etwas zu warten, was fehlt und woran es noch mangelt. Leidenschaftlich wartet man nicht, weil etwas fehlt, sondern weil etwas kommt. Und nur weil es kommt, empfinden wir sein Fehlen dann auch als Mangel. Ich muß da immer an ein etwas albernes Volkslied denken, das aber doch wiederum zugleich recht weise ist: «Heut' kommt der Hans zu mir – freut sich die Lies'. Ob er aber über Oberammergau oder aber über Unterammergau oder aber überhaupt nicht kommt – ist nicht gewiß.» Man muß das auch gar nicht genau wissen. Denn selbst, wenn der Hans «heut' ... überhaupt nicht kommt», weiß doch die Lies', daß ihr Hans – nicht irgendeiner, sondern *ihr* Hans! – ganz gewiß kommen wird. Und so kann sie leidenschaftlich wartend sich freuen auf den Hans: er kommt gewiß.

Es ist also nicht die Einsicht in die Mangelhaftigkeit der Welt, was unser Hoffen und Warten begründet. Wer aus der – weiß Gott schmerzlichen – Einsicht in die Mangelhaftigkeit der Welt allein Hoffnung begründen will, betrügt die Welt und sich selbst dazu. Er wäre, mit Paulus gesprochen, der Elendeste aller Menschen. Denn wo nichts ist, hat auch die Hoffnung ihr Recht verloren. Und wenn nichts kommt, wenn keiner da ist, der von sich aus zu uns kommen kann und kommen will, dann halten Hoffen und Harren uns wirklich zum Narren.

Israel wartet auf Gott. Und in eigenartiger Konkurrenz wartet die Christenheit ihrerseits auf Gott. Auch wir erwarten wie Isreal von dem kommenden Gott das Ende menschlichen Elends und unsagbarer Nöte. Aber so wie wir auf dieses definitive Ende von Elend und Not zu warten überhaupt nur das Recht haben, wenn wir jetzt und hier alles nur Mögliche dagegen tun, so können wir auf den kommenden Gott und seine sichtbare Herrlichkeit überhaupt nur warten, wenn wir hier und jetzt auf ihn *hören*: wenn wir ihn in der Verborgenheit unserer kümmerlichen menschlichen Worte bereits bei uns und in uns ankommen lassen. Wir wären nicht ganze Menschen, wenn wir ohne Gott unter uns bleiben wollten – wie ja auch ein Mensch für sich allein eben noch ganz und gar kein ganzer Mensch ist. Und wie auch der bloß *gegenwärtige* Mensch, wie der Mensch ohne Zukunft, alles andere als ein ganzer Mensch wäre. Nein, das wäre kein ganzer Mensch: der auf nichts und niemanden mehr zu warten vermag, weil er von nichts und niemandem mehr etwas zu erwarten hat. Wie ja denn auch eine Seele, die sich nicht gleichermaßen vom Wort *und* vom Hammelbraten ernähren läßt, niemals wirklich und ganz und gar aufleben wird. Zum ganzen Menschen gehört der Kontrast: eine Seele, die ebenso vom Wort Gottes wie von Brot, Wasser, Milch, Wein, magerem und fettem Fleisch und allen dazugehörigen Wohlgerüchen ernährt wird. Zum ganzen Menschen gehört der Kontrast: eine Gegenwart, die gerade, weil sie einer herrlichen Zukunft gewiß ist, ihre eigenen Nöte in Angriff zu nehmen vermag. Und zum ganzen Menschen gehört auch der Kontrast mit einem Gott, der aus ungeahnten Tiefen, Höhen und Hintergründen in den Vordergrund tritt, um uns anzureden. Er tut das, weil er dem ganzen Menschen etwas zu bieten hat, weil er nicht weniger als sich selbst anzubieten hat. Deshalb kommt und hört! Aber hört nicht nur mit dem Ohr. Sondern kommt und hört – und kommt und schmeckt! Schmecket und sehet, wie freundlich der Herr ist.

Hier müßte man wohl nun «*Amen*» sagen. Ich kann es gleichwohl nicht. Denn «Amen» heißt: das ist gewißlich wahr. Genau das wäre nun aber ganz und gar nicht wahrhaftig, wenn wir einladen zu einem Hören, das zugleich auch schmecken soll – *ohne* dabei dem Schmerz darüber Ausdruck zu geben, daß wir, katholische und evangelische Christen, das eben noch immer nicht können, nicht dürfen, nicht wagen: nämlich das sichtbare Wort, das Wort Gottes, das den ganzen Menschen anspricht, *gemeinsam* zu feiern. Im eucharistischen Mahl, im Abendmahl unseres Herrn Jesus Christus – da bietet sich Gott uns ja eben so an, daß wir hören und schmecken können, wie freundlich er ist. Doch genau darüber trennen wir uns auch heute. An seinem Angebot scheiden sich noch immer unsere Wege, wenn wohl auch kaum noch unsere Geister. Wir wären nicht ehrlich, wir wären miserable Christen, wenn uns das nicht schmerzte. Wir nähmen Gottes Wort, das wir doch gemeinsam hören, nicht ernst, wenn wir nicht auch gemeinsam erfahren wollten, wie sinnlich sein Wort ist. Am Ende eines ökumenischen Gottesdienstes ohne gemeinsames Abendmahl darf niemand zufrieden sein. Vielmehr: hungrig sollt Ihr nach Hause gehen! Und hadern sollt Ihr mit Euch selbst, mit Euren Kirchen und ihren Theologen. Hadern sollt Ihr auch mit Eurem Gott. Und mit aller Leidenschaft und Ungeduld sollt Ihr darauf warten und danach drängen, daß Gott seine lieben Christen endlich *gemeinsam* sehen und schmecken läßt, wie freundlich er, unser Herr, ist.

DER GOTT ENTSPRECHENDE MENSCH

> Ziehet den neuen Menschen an, der Gott entspre-
> chend geschaffen ist: in Gerechtigkeit und wahrer
> Heiligkeit. Also: legt die Lüge ab und redet die
> Wahrheit ein jeder mit seinem Nächsten; denn wir
> sind untereinander Glieder (Eph 4,24 f.).

Vom neuen Menschen müßte man eigentlich in einer neuen Sprache reden, mit neuen Ausdrücken, neuen Bildern, neuen und unverbrauchten Wörtern. Doch wir haben eine solche neue Sprache nicht. In den ältesten christlichen Gemeinden hat es zwar den Versuch gegeben, aus unserer alten Sprache auszubrechen, um in neuer und unvergleichlicher Weise auszudrücken, daß ein neuer Mensch da ist. Doch die Sprache explodierte gleichsam bei diesem Versuch, man redete in Zungen.

Nun, ich kann nicht in Zungen reden, kann also nur sehr unangemessen in unserer alten und verbrauchten Sprache vom neuen Menschen reden. Doch vor die Wahl gestellt, will ich von einer so wichtigen Sache lieber unangemessen als überhaupt nicht reden. Denn wichtig, unerhört wichtig ist es, daß wir uns die Aufforderung des Epheserbriefes zu eigen machen: nämlich den neuen Menschen anzuziehen. Würden wir das nicht tun, dann würden wir und mit uns die ganze Welt hoffnungslos veralten. Und eben das soll nicht sein. Die Welt soll nicht hoffnungslos veralten. Und wir auch nicht. Wir sollen und können vielmehr erneuert, durch und durch erneuert werden, wir sollen und können neue Menschen werden.

Wie macht man das? Wie geht das zu? Wie wird man ein neuer Mensch? Und warum soll man das überhaupt werden: ein neuer Mensch? So schlecht kann ich das Alte unmöglich einschätzen. Was alt ist, ist doch bewährt! Und die alten Menschen, unsere Väter und Mütter, unsere Großväter und Großmütter, die soll man doch ehren! Der Alte – das ist sogar in manchen als heilig geltenden Schriften Ausdruck für Gott. Warum also diese biblische Abneigung gegen das Alte, die sich in der Aufforderung ausspricht, den alten Menschen abzulegen? Und woher das Interesse am neuen Menschen? Was gibt schon allein dem Wort «neuer Mensch» einen solchen Glanz, daß es die Menschheit seit eh und je und stets aufs neue wieder fesselt und lockt? Was ist denn das Neue am neuen Menschen? Und was ist das Alte am alten Menschen? Was macht den alten Adam so hoffnungslos alt? So alt, daß man nur dann zu überleben scheint, wenn man ihn ablegt und den neuen Menschen anzieht?

Eines ist klar: Vom biologischen Alter kann hier nicht die Rede sein. Im Blick auf den *neuen* Menschen sind die Alten unter uns nicht älter als die Jungen und Jüngsten. Das kann man schon der Tatsache entnehmen, daß die Jugend, daß gerade der junge Mensch mit besonderer Sehnsucht und Leidenschaft nach dem neuen Menschen verlangt. Gerade im jungen Menschen ist die Ahnung lebendig, daß der wahre Mensch, daß der menschliche Mensch noch etwas anders aussehen dürfte als wir alle zusammen. Aus dieser Ahnung kommt sein Aufbegehren gegen die Welt und die Menschheit so, wie sie ist. Und diese Ahnung von einem neuen und die Sehnsucht nach einem neuen Menschen sollten wir ehren und respektieren – auch dann, wenn wir die Wege und Mittel, mit der die jugendliche Sehnsucht nach dem anderen, dem neuen Menschen sich selber Erfüllung zu schaffen versucht, für falsch oder gar für gefährlich halten. Wer die Leidenschaft für den neuen Menschen beim jungen Menschen nicht ernst nimmt und ehrt, der hat auch nicht das Recht, ihn eines Besseren zu belehren. Denn er nimmt eine Sehnsucht und Hoffnung nicht ernst, die zum Besten gehört, was der *alte* Adam überhaupt vorzuweisen vermag.

Ein neuer Mensch zu werden, das wünscht sich ja der Mensch, seitdem es ihn gibt. Und er wird sich das wünschen, solange es ihn gibt. Und zwar nicht nur der Versager, sondern durchaus auch der erfolgreiche Mensch, nicht nur der Kranke, sondern durchaus auch der Gesunde sehnt sich danach. Und das eben nicht erst am Ende des Lebens; sondern schon und gerade in der Jugend ist diese merkwürdige Sehnsucht nach einem anderen, einem neuen Menschen da. Allein schon die vielen Kleinigkeiten loszuwerden, die uns an uns selbst so auf die Nerven gehen, wer wünscht sich's nicht? Ganz zu schweigen von den schweren Lasten! Wer kennt nicht dieses sehnsüchtige Verlangen, einmal neu anfangen zu können, befreit von der unerhörten Last der eigenen Vergangenheit und nicht nur der eigenen, sondern der eines ganzen Volkes, die auf uns drückt? Einmal nicht einfach immer nur fortsetzen zu müssen, was längst begonnen ist, einmal dem Gesetz zu entrinnen, nach dem wir angetreten – das ist ein Traum, der seit Menschengedenken geträumt wird. Uralte Mythen und Märchen ranken sich um diesen Wunschtraum. Und nicht weniger locken die jeweils modernen Weltanschauungen und Ideologien damit, daß sie uns einen solchen von der Last und Schuld des Vergangenen befreiten neuen Menschen versprechen.

Man sollte sich über jene alten Märchen und Mythen nicht gar zu schnell mit einem aufgeklärten Lächeln hinwegsetzen. Und man sollte über die modernen Ideologien und Utopien nicht gar zu schnell die konservative Nase rümpfen. Es ist zwar nicht allzu schwer, die alten und neuen Zaubersprüche, die dabei gemacht werden, zu durchschauen. Doch wenn wir auch der *Wirkung* dieser Zaubersprüche, die uns so oder so einen neuen Menschen zu schaffen, zu machen versprechen, mißtrauen – von der Vision selbst, von der Hoffnung auf einen neuen Menschen geht sogar in unserer weitgehend entzauberten Welt noch immer ein echter Zauber aus. Der neue Mensch – allein der Gedanke daran, daß es ihn eines Tages geben könnte, macht das Leben lebenswerter und bringt selbst in die dunklen Stunden einen Schimmer kommender Helligkeit. Nein, der Traum, der da geträumt wird, ist kein müßiger Wunschtraum, sondern vielmehr elementarer Ausdruck dafür, daß wir Menschen nicht nur biologisch alt und älter *werden*, sondern in einem sehr anderen Sinn noch alt, zu alt *sind*. Man sagt, die Gesichter neugeborener Kinder hätten greisenhafte Züge. Das ist vielleicht etwas übertrieben. Zumindest für das eigene Baby wird jede Mutter wohl das Gegenteil behaupten. Aber in einem anderen Sinn trägt in der Tat ein jeder von seiner Geburt an die Züge eines alten Menschen, der sich selbst nicht verjüngen, der sich selbst nicht erneuern kann.

Gewiß, der Mensch kann viel aus sich selber machen. Und er soll auch etwas aus sich machen. Dazu wird man erzogen, dazu erlernt man einen Beruf, dazu muß der Mann hinaus ins feindliche Leben, und dazu waltet drinnen die züchtige Hausfrau – oder auch umgekehrt. Doch was auch immer und wieviel auch immer wir aus uns machen, den neuen Menschen machen wir nicht. Und die Sehnsucht nach ihm wird dadurch nie überflüssig. Kein Mensch wird mit sich selber jemals so fertig, daß der Wunsch nach dem neuen Menschen jemals erlöschen könnte.

Im Gegenteil, je mehr wir mit uns selbst fertig zu werden versuchen, je mehr wir uns also mit uns selbst beschäftigen, desto weniger gleichen wir dem neuen Menschen. Sich mit sich selbst beschäftigen und immer wieder sich mit sich selbst beschäftigen müssen – das macht alt. Sich selber nicht vergessen können – das macht alt. Zu neuen Ufern aufbrechen und am anderen Ufer dann doch wieder auf sich selbst treffen – das ist es, was den alten Menschen so alt macht. Es kommt der alte Mensch nicht von sich weg. Und deshalb sehnt er sich nach dem neuen Menschen.

Sehnt? Der Epheserbrief tut so, als ob diese Sehnsucht längst erfüllt oder doch jederzeit erfüllbar wäre. In einer merkwürdigen Ausdrucksweise heißt es da: Ziehet den neuen Menschen an – so, als läge er schon bereit wie ein neues Kleid, das man nur noch anzuziehen braucht. Und entsprechend heißt es kurz zuvor, man solle den alten Menschen ablegen – so, als wäre er ein altes Kleid, das man abends ablegt, wenn man schlafen geht. Merkwürdige Redeweise! Als ob das so einfach wäre, sich selbst loszuwerden und sich dabei aufs neue, eben als ein neuer Mensch zu gewinnen! Und doch steht und fällt der christliche Glaube damit, daß er das für möglich hält. Im Unterschied zu allen möglichen Versuchen, aus dem alten einen neuen Menschen zu machen, lebt der Glaube von der Gewißheit, daß der neue Mensch schon da ist, daß er für uns da ist wie ein verlockendes Angebot, von dem es nur Gebrauch zu machen gilt.

Der christliche Glaube tritt damit in Konkurrenz zu jenen anderen Versuchen, die vor allem zwei Wege zum neuen Menschen offerieren; zwei Wege, die sich freilich auch in der christlichen Kirche immer wieder Geltung verschaffen, ja geradezu als Methoden, als unfehlbare Wege zum neuen Menschen empfohlen werden. Wir werden sie mustern müssen.

Der eine Weg führt den alten Menschen nach innen, weg von allem Sichtbaren und Äußerlichen, tief und immer tiefer noch in sich hinein. Tief in sich selbst sucht man dann den wahren, den eigentlichen Menschen. Aber gefunden hat man ihn dort noch nie. Was man da findet, ist allenfalls eine verbesserte Auflage des alten Menschen, den der Mensch dadurch, daß er in sich geht, eben gerade nicht abzulegen vermag. Es gleicht ein solcher Versuch, durch Ablegen des äußeren Menschen den eigentlichen oder wahren Menschen hervorzubringen, nur zu sehr dem Versuch jenes Philosophen, der eine Zwiebel zu schälen begann, um hinter ihren Schalen die wahre, die eigentliche Zwiebel zu finden. Die Hoffnung, hinter der jeweils nächsten Schale dann das Gesuchte zu finden, läßt sich zwar eine Weile lang aufrechterhalten. Doch man muß keine Hausfrau sein, um vorauszusagen, daß dieser Mann, wenn auch die letzte Schale gefallen sein wird, die wahre und eigentliche Zwiebel noch immer nicht gefunden hat. Er ist am Schluß so klug als wie zuvor, wenn nun wohl auch mit Tränen in den Augen. Mit dem alten Adam ist es nicht anders. Wir können ihn nicht schon dadurch loswerden oder gar in einen neuen Menschen verwandeln, daß wir in uns gehen. Man kann zwar auf dem Weg in sich hinein große Entfernungen zurücklegen – in sich gehen bedeutet allemal, sich auf einen langen Marsch durch sich selbst begeben –, den neuen Menschen bringen wir *aus uns selbst* jedoch nicht hervor. Das heißt noch nicht, daß man den Weg in sich hinein geringschätzen muß. Ein bißchen mehr Innerlichkeit könnte uns allen sicherlich nicht schaden. Man kann da in sich selbst allerlei Wertvolles finden und entdecken. Das aber würde uns sicher schaden, wenn wir, was wir da in uns finden, für den neuen Menschen hielten. Wir würden uns dann nämlich selbst belügen. Und das ist wohl die schlimmste Lüge, der schlimmste Selbstbetrug des alten Adam, wenn er sich selbst für den neuen Menschen hält. Nein, der Versuch, den alten Menschen durch den Weg in uns hinein zu überwinden, muß genauso mißlingen wie die Suche nach der eigentlichen Zwiebel hinter den Zwiebelschalen. Am Ende haben wir allenfalls Tränen in den Augen.

Und so versucht man es denn mit einem anderen Weg. Innerlichkeit wird nun klein geschrieben, wird gar zum Tadel herabgesetzt. Den neuen Menschen sucht man nun woanders, nicht in uns, sondern außer uns in der sozialen Arbeitswelt. Man müsse die Verhältnisse in dieser Welt ändern, heißt es jetzt, und dann werde sich auch der Mensch ändern. Ja, *den* Menschen ändert man überhaupt nur dann, wenn man *die* Menschen, wenn man die Menschheit ändert. Und das wiederum geht nur durch eine grundstürzende Veränderung der Verhältnisse, in denen die Menschheit lebt. Und so wird denn der lange Marsch durch die Arbeitswelt und ihre Institutionen gefordert: immer mit dem Ziel, eine bessere, eine neue Menschheit heraufzuführen. Aber eben: eine bessere Menschheit ist noch nicht die neue Menschheit. So notwendig es ist, schlechte Verhältnisse zu verbessern und dadurch vor allem das Leben derjenigen überhaupt erst zu einem menschenwürdigen Leben zu machen, die die Opfer schlechter Verhältnisse sind – einen neuen Menschen machen wir auf diese Weise aus dem alten Adam nicht. Damit auch hier kein Mißverständnis aufkommt: es wäre unerträglicher geistlicher Hochmut, wollte man geringschätzen, was veränderte, verbesserte Lebensverhältnisse für ein menschliches Leben bedeuten. Aber ebenso gilt es in aller Nüchternheit festzustellen, daß auch der Mensch, der dann in guten und besten Lebensverhältnissen lebt, noch immer durch und durch alter Adam sein kann; und in der Regel ist er es ja auch nur gar zu sehr. Man kann diesen alten Menschen zwar auf neu schminken, wobei es ziemlich egal ist, ob man dabei eher rot oder schwarz oder gar lila bevorzugt. Doch der auf neu geschminkte Mensch ist ebensowenig wie der innere Mensch der, nach dem sich der alte Mensch sehnt.

Eines freilich sollte man sich merken von diesem zweiten Weg. Dies nämlich, daß man *den* neuen Menschen nur da trifft, wo man *die* neuen Menschen trifft. Für sich allein gibt es ihn wirklich nicht. Nicht zufällig wird im Epheserbrief eine ganze Gruppe, wird die Gemeinde Jesu Christi so angeredet, nicht zufällig wird uns allen gemeinsam zugemutet: Ziehet den neuen Menschen an. Es ist das offensichtlich ein Gemeinschaftswerk, ein neuer Mensch zu werden. Für sich allein hört niemand auf, der alte Mensch zu bleiben. Denn das ist eben das Geheimnis des *neuen* Menschen: daß er nicht mehr mit sich selbst beschäftigt ist und Gott sei Dank nicht mehr unentwegt mit sich selbst beschäftigt zu sein braucht. Und das deshalb nicht, weil ein Anderer mit ihm beschäftigt ist. Daß Gott sich mit uns beschäftigt, das allein macht uns neu. Und wer Gott diese Beschäftigung läßt, wer sie ihm gönnt, wer Gott sozusagen die Beschäftigung mit dem Menschen erlaubt, der wird ein neuer Mensch. Der Epheserbrief sagt: der entspricht Gott. Und er denkt dabei zunächst an den einen Menschen Jesus. Denn Gott entsprechen heißt: auf menschliche Weise abbilden, was Gott auf seine Weise ist und tut.

Jesus ist deshalb der neue, der Gott entsprechende Mensch, weil er sich auf menschliche Weise so verhielt, daß man eine Ahnung und mehr als nur eine Ahnung davon bekommen konnte, wer Gott ist. Gerade in seiner ausgesprochenen Liebe zur Geselligkeit entspricht dieser Mensch Gott: dem Gott, der als der Vater mit dem Sohn und dem Heiligen Geist gesellig lebt von Ewigkeit zu Ewigkeit. Und nun also auch gesellig leben, gemeinsam leben will mit uns. Jesus aß und trank sogar mit den merkwürdigsten Typen, so sehr sogar, daß man ihn als Fresser und Weinsäufer beschimpft hat, wie geschrieben steht Mt 11,19. Der neue Mensch – das ist der Mensch, der, statt sich mit sich selbst zu beschäftigen, Gemeinschaft sucht und stiftet und gerade darin Ebenbild Gottes ist. Eine sehr irdische Gemeinschaft allerdings: nicht ohne Brot und mit viel Wein. Doch zugleich mit viel Wahrheit. Über Essen und Trinken wurde hier nicht vergessen, was man sich selbst und anderen vor allem schuldig ist: die Wahrheit zu sagen. Essen und Trinken ist lebensnotwendig. *Gemeinsames* Essen und Trinken ist mehr als nur eine Verschönerung des Lebensnotwendigen, ist vielmehr Nahrung für Leib und Seele. Einander dabei jedoch die Wahrheit sagen – das macht eine solche irdische Gemeinschaft erst zu einem wirklichen Abbild Gottes.

Gott besteht darauf, daß wir einander die Wahrheit nicht schuldig bleiben. Und das nicht nur unter uns, sondern auch vor ihm. Gott besteht darauf, daß wir auch ihm die Wahrheit nur ja nicht schuldig bleiben, und sei sie noch so unangenehm – sei es für uns, sei es für ihn. Man fürchte sich nur ja nicht, Gott Wahrheiten zu sagen, die ihm unangenehm werden könnten! Das wären miserable Christen, die Gott nur Freundlichkeiten zu sagen wagten. Es ist allemal besser, Gott gegenüber unangenehm zu werden als ihm fromme Lügen zu sagen. Denn das tut ja gerade der alte Adam. Der neue Mensch lügt nicht. Ziehet den neuen Menschen an und legt die Lüge ab – sagt der Epheserbrief in einem Atem. Legt vor allem die frommen Lügen ab!

Und legt als erste die frömmste und verlogenste Lüge ab: nämlich die, die so tut, als ob wir nicht mehr ganz und gar alte Menschen wären. Wer diese Lüge ablegt, wer sich selbst und Gott eingesteht, wie sehr der *alte* Adam uns noch regiert, der hat dann wirklich damit angefangen, den *neuen* Menschen anzuziehen.

KEINE ANGST VOR DER ANGST

Furcht ist nicht in der Liebe (1 Joh 4, 17b).

Das ist ein ruhiger Satz, ein eigenartig ruhiger Satz: Furcht ist nicht in der Liebe. Das ist kein Lehnsatz, der seine erhellende Kraft aus fremder Quelle bezöge. Nein, diese Wahrheit wirkt unmittelbar erhellend. Sie ruht in sich selbst. Aber nicht in sich verschlossen und abweisend, wie sonst wohl Wahrheiten in sich selber ruhn. Sondern eher so wie zwei ruhige Augen mit klarem Blick sehr intensiv und lebendig in die Welt schauen. So ruht auch diese Wahrheit in sich selbst und schaut uns an: Furcht ist nicht in der Liebe. Das ist ein leuchtender Satz. Aus ihm spricht die lebendige Ruhe gesammelter Kraft. Ohne geistreiches Gefunkel leuchtet er auf und leuchtet er ein. Eine einfache, aber gerade in ihrer Einfachheit leuchtende Wahrheit. Von ihr geht Ruhe, geht lebendige Ruhe aus.

Schon ganz äußerlich: man muß sich nicht sonderlich anstrengen, um in sie einzudringen. Kein komplizierter Satzbau, keine unverständlichen Ausdrücke, keine *fremde* Welt tritt uns da entgegen. Furcht und Liebe – das ist *unsere* Welt, das ist unser eigenes Leben, das sind wir selbst. «Ein jeder kennt die Lieb' auf Erden.» Und unter uns ist wohl keiner, der erst ausziehen müßte, das Fürchten zu lernen. Wir wollen lieben und haben doch viel Grund zur Furcht. Welche Mutter, die ihre Kinder liebt, kennt nicht die Furcht, die sie gerade deshalb beschleicht, weil sie ihre Kinder liebt? Und wer, der die Welt und ihr Leben liebt, aus ganzem Herzen sein Leben liebt, kennt nicht die Furcht vor dem Ende, die Angst vor dem Tod? So oder ähnlich baut sich unser aller Leben auf: aus Liebe und Furcht. Und oft wechseln Liebe und Furcht so schnell, daß unser Leben wie eine unruhige Mischung von beidem aussieht. Selbst wenn wir nicht immer gleich *himmelhoch* jauchzen oder jeweils sofort *zu Tode* betrübt sind, ist der schnelle Wechsel von Liebe und Furcht doch ein schmerzliches Stigma unseres irdischen Lebens. Es ist komplizierter als jene einfache Feststellung. Es ist dunkler als jene leuchtende Wahrheit: Furcht ist nicht in der Liebe.

Doch nun ist das ja keineswegs nur eine Feststellung. Und die Ruhe dieses Satzes ist alles andere als die Sicherheit einer von den Konflikten des Lebens nicht mehr erreichbaren Behauptung. Die Liebe, von der hier die Rede ist, schließt ja die Furcht nicht schon durch einen bloßen Federstrich aus. Der das geschrieben hat, weiß es besser. Die vollkommene Liebe, fügt er hinzu, die zum Ziel gekommene Liebe *treibt* die Furcht aus. Eine Austreibung – das ist das Ende eines Streites, eines Kampfes. Auf ihn blickt unser Satz zurück. Er blickt zurück auf einen Kampf, in dem die Liebe über die Furcht gesiegt hat. Und diesen Kampf haben *wir nicht* gekämpft, den hat ein anderer für uns gekämpft. Wir erinnern nur daran. Wir tun es, wenn wir den Namen Jesu Christi nennen, und wenn wir dabei nicht nur an einen Mitmenschen, sondern genauso an Gott selber denken. Furcht ist nicht in der Liebe – das ist ein Satz der Gottesgewißheit. In ihm spricht sich aus, daß Gott nichts anderes als Liebe ist, daß wir also zu allem, was wir von Gott zu sagen haben, immer das Wort *Liebe* müßten hinzufügen können. Was immer wir von Gott zu sagen, zu erzählen und zu erwarten haben, es muß am Ende immer eine Geschichte vom *lieben Gott* sein. Und das wäre ein schlechter Christ und ein törichter Mensch, der darin eine Herabsetzung erblicken wollte, daß Gott nun wirklich nichts anderes als eben der – liebe Gott ist.

Es sei denn, wir erblicken darin jene Herabsetzung, zu der Gott sich selber verstanden hat und an die unser Satz erinnert: jene Erniedrigung, in der Gott sich auf die Todesfurcht eines Menschen einließ und diesen zu Tode gequälten Menschen seinen Sohn, seinen geliebten Sohn nannte. In einer solchen Situation also, in der eher die Furcht es ist, die die Liebe auszutreiben droht, begegnet uns der Gott, der Liebe ist. Sein Ziel sind wir, wir ängstlichen und furchtsamen Menschen. Das Ziel göttlicher Liebe sind Menschen, die nicht lieben können, ohne sich fürchten zu müssen; und die sich oft sehr viel mehr fürchten müssen, als sie lieben können. Unserer Furcht gilt seine Liebe, seine Erniedrigung. In Jesus Christus hat er unsere Furcht kennengelernt und selbstlos geteilt.

Liebe – das ist freilich niemals *nur* Selbstlosigkeit, auch bei Gott nicht. So wie wir, wenn wir lieben, auf jeden Fall auch uns selber lieben, so auch Gott. Auch er liebt sich selbst. Es ist das das letzte und tiefste Geheimnis des christlichen Glaubens: daß Gott *uns* liebt, wenn er sich selbst liebt. Und daß er uns *mehr* noch liebt als sich selbst. Wir bekennen das, wenn wir unsere Gottesdienste im

Namen des *dreieinigen* Gottes, im Namen des *Vaters und des Sohnes und des Heiligen Geistes* beginnen. Ob wir wissen oder wenigstens ahnen, was wir da tun? Ich finde, es steht einer christlichen Gemeinde gut an, sich darauf zu besinnen.

Was tun wir, wenn wir uns im Namen des Vaters und des Sohnes und des Heiligen Geistes versammeln? Wir versammeln uns dann im Namen des Gottes, der ganz und gar Liebe ist. Und das heißt: des Gottes, der sich nicht selber lieben will, ohne uns zu lieben. Selbstliebe gehört dazu, auch bei Gott. Es gibt keine echte Liebe zu einer anderen Person ohne gehörige Selbstliebe, ohne rechte Selbstbezogenheit. Ein Heuchler, der so zu lieben vorgibt! Gott ist kein Heuchler. Er offenbart sich uns als ein durchaus auch selbstbezogenes Wesen. Die Liebe zur eigenen Person allein ist freilich erst recht keine Liebe. Sie wird es erst dann, wenn die rechte Selbstbezogenheit durch immer noch größere Selbstlosigkeit überboten wird. Wer wirklich liebt, der bezieht sich zwar auch auf sich selbst, der denkt auch an sich. Aber er kann sich nicht auf sich selbst beziehen, ohne dabei noch sehr viel mehr sich auf die andere, die geliebte Person zu beziehen.

Deshalb bekennen wir, daß der Gott, der Liebe ist, immer schon eine andere Person liebt: der Vater den Sohn, der Sohn den Vater, und daß der Heilige Geist beide in Liebe verbindet, wie er dann ja auch uns mit Gott, unserem Vater, und mit Jesus Christus, seinem Sohn, unserem Herrn in Liebe verbindet. Deshalb beginnen wir unsere Gottesdienste im Namen des Vaters und des Sohnes und des Heiligen Geistes. Wir bekennen damit, daß Gott von Ewigkeit her mehr als nur Selbstliebe, daß er vielmehr *überströmende* Liebe, nämlich *auf uns* überströmende Liebe ist. Wer liebt, dessen Selbstliebe besteht gerade darin, ganz und gar bei der geliebten, bei der anderen Person zu sein. Ohne sie will er nichts sein. Wir müssen es wagen, das auch in allem Ernst von dem dreieinigen Gott zu sagen: Ohne uns will er nichts sein. Man bedenke: ohne uns – nichts. Und dabei darf und soll ein jeder durchaus an sich selber denken. Gott will ohne mich – nichts sein. Und weil wir alle in einer Welt leben, die trotz aller Liebe zum Fürchten ist, deshalb ist er selber zur Welt gekommen, um hier das Ende aller Furcht herbeizuführen. Hier, wo die Liebe stets aufs neue von der Furcht vertrieben zu werden droht.

Denn das ist doch unsere Situation, daß wir, wenn wir auf uns selber blicken, noch keineswegs wissen, wer am Ende wen vertreibt: die Liebe die Furcht oder umgekehrt die Furcht die Liebe. Woher sollen wir, wenn wir auf uns selbst blicken, wissen, ob unser Ende nicht fürchterlich sein wird? Die Unheilspropheten finden nicht zufällig soviel Gehör. Und das Geschäft mit der Angst gedeiht nicht zufällig wie nur selten zuvor.

Gewiß, für die Augenblicke der Liebe vergessen wir die Furcht. Jedenfalls, wenn Liebe auf Gegenliebe stößt. Wenn! Aber schon das ist ja keineswegs sicher. Liebe kann man nicht erzwingen. Man kann um sie werben. Und wie! Man kann das mit allen nur möglichen Mitteln tun, selbst wenn sie von den unmöglichen kaum noch zu unterscheiden sind. Aber man bleibt am Ende doch auf das *freie Ja* der umworbenen Person angewiesen.

Wer es dennoch erzwingen will, zerstört selbst die eigene Liebe. Liebe und Freiheit sind nun einmal untrennbare Zwillinge. Und nur weil man zur Liebe nicht gezwungen werden kann, nur weil sie aus *freien* Stücken kommt, ist sie ja dann auch so *bezwingend*. Dann ist man wirklich in Freiheit – gebunden. Weil es in Freiheit geflochten ist, deshalb gibt es kein stärkeres Band als das Band der Liebe.

Und so gibt es denn keinen Anspruch darauf und keinerlei Garantie dafür, daß Liebe erwidert wird. Bevor sie möglicherweise erwidert wird, ist unsere Liebe deshalb durchaus voll von Furcht. Und wenn sie keine Erwiderung findet, wenn sie verglimmt, ohne jemals in hellen Flammen zu brennen, dann löschen wohl Tränen die letzten Funken vergeblicher Liebe. Und zur Furcht kommt die Traurigkeit. Tragische Fälle, gewiß! Doch sie kommen öfter vor, als bekannt wird. Und sie können dem nicht gleichgültig sein, der an den Sieg der Liebe glauben will. Treibt sie wirklich immer und überall die Furcht aus?

Selbst wenn Liebe Erwiderung findet, wenn also zwei Menschen einander richtig lieben – und das kommt ja Gott sei Dank auch vor –, selbst dann ist die Furcht ja nicht einfach vernichtet. Sie ist dann zwar vergessen. Aber wir vergessen die Furcht dann ja nur deshalb, weil wir im Augenblick der Liebe *uns selbst* vergessen, glücklich vergessen. Solange wir uns so, solange wir uns glücklich vergessen können, scheint in der Tat alles anders geworden zu sein. Liebende sehen sich selbst und die Welt mit anderen, mit neuen Augen an. Sie *sind* dann neue Menschen in einer neuen Welt. Und die Furcht ist dann allerdings ausgetrieben. Aber sie ist keineswegs schon vernichtet. Und sie wartet nur darauf, sich wieder einschleichen zu können. Und wenn wir zurückkommen aus der Selbstvergessenheit der Liebe, wenn wir wieder bei unserem alten Adam sind, dann beschleicht uns auch wieder die alte Furcht.

Und wenn wir tapfer sind, sprechen wir das auch aus: mich beschleicht Furcht, ich habe Angst. Das wäre ja ein schreckliches Mißverständnis unseres ruhigen Satzes, wenn er zur *Unterdrückung* von Angst und Furcht führen würde. Oder gar *unempfindlich* machen würde für das, was zum Fürchten ist. Ganz im Gegenteil! Es gehört zum Mut der Liebe, vor der Furcht nicht zu fliehen und die Angst nicht zu unterdrücken.

Unter den vielen überflüssigen Kriegsanekdoten, denen man als junger Mensch mit mehr oder weniger Geduld zuhört, wurde mir einmal eine erzählt, die mir Eindruck machte. Sie spielt im Schützengraben zwischen zwei jungen Soldaten vor der Schlacht. Der eine zittert am ganzen Leib. Der andere zeigt keine Spur von Furcht und verhöhnt seinen Kameraden, bis der ihm zur Antwort gibt: «Wenn *Du* soviel Angst hättest wie ich, wärst Du schon längst davongelaufen.» Diese Antwort verträgt sich mit unserer Wahrheit. *So* also treibt die Liebe niemals die Furcht aus, daß sie die Empfindungen tötet für das Fürchterliche und uns unempfindlich macht für das, wovor man sich wirklich nur fürchten kann. Es ist genau umgekehrt: Je größer die Liebe, desto empfindlicher werden wir für die Schrecken der Welt und die Ängste

53

des Lebens. Es gehört zum Mut der Liebe, dem Fürchterlichen ins Auge zu sehen und es beim Namen zu nennen. Doch es gehört erst recht zum Mut der Liebe, der eigenen Furcht ins Auge zu sehen und einzugestehen, daß und wovor wir uns fürchten. Wer Furcht hat, ist noch lange nicht feige. Und wer sich ängstigt, flieht deshalb noch keineswegs. Feige ist vielmehr die Flucht vor der Furcht, ist die Angst vor der Angst.

Gestehen wir uns also ein, daß wir Angst haben und Grund, uns zu fürchten. Und gestehen wir uns das nicht nur heimlich, sondern gegenseitig und voreinander ein. Dergleichen tut man freilich nicht vor jedermann, wahrhaftig nicht. Es könnte sonst leicht schamlos werden. Aber vor Menschen, die uns lieben, da muß es möglich sein, auch die eigene Angst einzugestehen. Denn sie sind bereit, unsere Ängste zu teilen. Die Liebe, die die Furcht austreibt, beginnt das damit, daß sie die Furcht aufdeckt und Verständnis für sie aufbringt. Und wenn wir wirklich eine im Namen des Gottes, der Liebe ist, versammelte Gemeinde sind, wenn wir wirklich «Geliebte in dem Herrn» sind, dann muß das unter uns möglich sein, daß wir, ohne schamlos zu werden, uns unsere Ängste und unsere Furcht eingestehen. Vielleicht ist die christliche Kirche sogar der einzige Ort, wo die Menschheit ungeniert von ihrer Furcht reden darf, wo wir unsere sehr individuellen und unsere weltweiten Ängste ehrlich aussprechen und ohne Scheu eingestehen können. Daran wird man jedenfalls erkennen, ob uns wirklich die Liebe zusammenhält, die am Ende die Furcht austreibt.

Es sollte also unter uns möglich sein, von Furcht zu

reden: z. B. von der verlegenen Furcht des jungen Menschen, der zum erstenmal seinen Leib entdeckt und mit dieser Entdeckung nicht fertig wird, weil er jene Liebe noch nicht kennt und auch noch gar nicht kennen kann, die die Furcht austreibt durch Freude. Es sollte möglich sein, von der Angst vor der Prüfung zu sprechen, die offensichtlich so unausrottbar ist, daß manche Menschen selbst Jahre nach der Prüfung noch immer von ihr träumen. Es soll ja sogar Professoren geben, die voller Angst nachts im Bett emporfahren, weil sie träumten, sie müßten sich selber prüfen. Und es sollte möglich sein, nicht nur auf die Prüfungsangst zu sprechen zu kommen, sondern auch auf die Überprüfung, die in unserer Universität zur Zeit Unruhe und Furcht auslöst – ganz egal, ob diese Furcht nun begründet ist oder nicht. Und von der Sorge um den eigenen Arbeitsplatz muß man reden dürfen, ebenso wie von unserer gemeinsamen Furcht vor Massenarbeitslosigkeit. Und von unserer Furcht vor dem Terror, die ja wahrhaftig nicht ohne Anlaß ist. Und auch von aller falschen Furcht! War es nicht falsche Furcht, als man jungen Strafgefangenen, die kurz vor der Entlassung standen, verbot, den Deutschen Bundestag zu betreten zu einem Gespräch mit Parlamentariern über das den Gefangenen bevorstehende Leben in Freiheit? Und sollten wir uns über solche falsche Furcht nicht ebenfalls Gedanken machen? Das alles muß möglich sein, wo zwei oder drei im Namen der Liebe versammelt sind, die die Furcht auszutreiben verheißt.

Und es wird dann gerade zum *Mut* der Liebe gehören, sich gegen den Mißbrauch vorhandener Angst zu wehren. Man kann ja die Angst anderer Menschen schamlos mißbrauchen. Und das geschieht täglich. Die Liebe treibt dieses infame Geschäft mit der Angst aus. Sie tut das, indem sie um Hilfe ruft. Um Hilfe ruft man, wenn man allein mit einer Gefahr nicht fertig wird. Die Liebe ruft um Hilfe. Auch das gehört zum Mut der Liebe, daß sie eingesteht, wie sehr sie auf Hilfe angewiesen ist. Die meisten Gründe und Anlässe zur Furcht lassen sich ja durch Liebe allein noch keineswegs überwinden. Es braucht z. B. ökonomische Kenntnisse, politische Weisheit, pädagogische Einsicht und vor allem nicht wenig Selbstbeherrschung. Und wenn das alles da und sogar erfolgreich ist, wird es noch immer viel zu viele Anlässe und Gründe geben, die uns das Fürchten lehren.

Und selbst wenn man der Liebe von allen Seiten zu Hilfe käme und alle Ursachen der Furcht in unserer Welt beseitigt werden könnten, dann bleiben doch noch wir selbst. Und mit uns bleibt die Angst, die überhaupt keinen Grund hat, die Angst vor nichts. Sie beschleicht uns, ohne daß wir uns dagegen wehren können. Sie besetzt alle möglichen Stellen in unserem Leben und äußert sich bald so, bald so: als Furcht vor der Krankheit z. B. oder vor der Einsamkeit, aber auch als Furcht vor Erfolg und mitunter sogar als Furcht vor der Liebe. Wenn man ihr im einzelnen nachgeht, erweist sich diese Angst in der Regel als unbegründet und verschwindet – aber nur, um sich alsbald in anderer Weise wieder einzustellen. Und nichts ängstigt uns so sehr wie diese merkwürdige Angst vor nichts.

Ob das die Angst vor dem Tod ist? Oder die Angst

vor uns selbst, die Angst vor mir, dem Sünder? Oder die Angst vor Gott, der die Sünde haßt? Oder das alles zusammen? Genau weiß das wohl keiner. Aber das weiß ich, daß Gottes Liebe darin bei uns zum Ziel kommen will, diese Angst auszutreiben. Diese Angst nimmt uns der Glaube ab. Und das geschieht so und nur so, daß Gott uns Freude macht. Da und nur da, wo Gott uns Freude macht, endet die Furcht. Es ist auch in dieser Hinsicht genauso wie zwischen zwei Menschen. Die *Liebe* kommt da zu ihrem Ziel, wo sie *Freude* macht, wo sich die Liebenden aneinander freuen, und zwar an nichts anderem freuen als eben an ihrer Liebe. Und diese Freude ist selbst mitten im Leid möglich. Die Freude an der Liebe ist es, die die Furcht austreibt.

Solche Freude läßt sich freilich genausowenig erzwingen wie die Liebe selbst. Daß Gott uns Freude macht, ist alles andere als selbstverständlich. Angesichts einer Welt voll Leid und Furcht ist und bleibt das wohl ein Wunder. So, wie es erst recht nicht selbstverständlich, sondern das Wunder aller Wunder ist, daß wir mit unserem mehr oder weniger gotteslästerlichen Leben ihm, Gott, Freude machen. Aber eben: Gott tut Wunder. Deshalb *redet* er ja mit uns. Und läßt uns wissen, daß wir *ihn*, daß wir *Gott* nun wirklich nicht zu fürchten brauchen. Sein geliebter Sohn, unser Mitmensch Jesus Christus, verbürgt uns, daß Gott seine Freude an uns hat. Und er wird nicht Ruhe geben, bis das Wunder geschieht, daß *Gott* auch *uns* – Freude macht. Dann freilich, wenn das Wunder geschieht, dann ist es genauso wie mit der Liebe: dann *ist* es das Selbstverständlichste von der Welt, daß Gott

Freude macht. Und wir gestehen, wie zuvor unsere Furcht, dann auch voreinander unsere Freude ein. Wir gestehen es gern: In Dir ist Freude in allem Leid.

EINE TRAUERPREDIGT

> Siehe, der Hüter Israels schläft noch schlummert
> nicht...
> Der Herr behütet Dich vor allem Übel.
> Er behütet Dein Leben.
> Der Herr behütet Deinen Ausgang und Eingang
> von nun an bis in Ewigkeit. Amen.
> (Ps 121,4.7f.)

Es ist gut, zu wissen, daß *Gott* nicht schläft. Es ist tröstlich
zu wissen, daß Gott wacht, ohne je zu ermüden. Angesichts des Todes ist das sogar unser einziger Trost: daß er,
unser himmlischer Vater, weder schläft noch auch nur
schlummert. Einen anderen Trost haben wir an diesem
Sarge nicht. Aber einen anderen Trost brauchen wir
auch nicht. Denn das ist eine gute Mitteilung für Lebende
und Tote: Gott ist wach. Hellwach wacht er über uns.
Ohne jede Ermüdung sorgt er, nach seiner Weisheit, für
seine Geschöpfe.

Er tut das auch dann, wenn der Tod uns bezwingt. Ja
gerade dann, wenn dieser unser ärgster und letzter Feind,
wenn der Tod über unser Leben zu triumphieren scheint,
gerade dann ist Gott nicht abwesend, nicht untätig, kein
ohnmächtiger Zuschauer – so wie wir eben abwesend
und untätig sind, wenn wir schlafen, um im Traum dann
gar unsere eigenen ohnmächtigen Zuschauer zu sein.
Nein, Gott ist ganz da und ganz wach. Er wacht über
uns, die wir leben. *Und* er wacht *für* die, die auf Erden
nicht mehr erwachen und niemals mehr unter uns wach

sein werden. Gott ist *für* sie wach, wacht stellvertretend für die Entschlafenen.

So wacht er auch über unsere Entschlafene. Das soll unser Trost sein. Der Hüter Israels, unser Gott, wird nun *für* sie wachen – wie er ein Leben lang *über* sie gewacht hat. Am Ausgang ihres Lebens kann er allein sie so behüten, daß sie Eingang findet in ein neues, ewiges Leben. Und er wird's tun.

Der Herr behütet Deinen Ausgang und Eingang – mit diesen Worten wurde im alten Israel einst der Pilger aus dem Tempel entlassen. An der Schwelle des Heiligtums sollte der Schutz Gottes nicht enden. Gottes Schutz wird den Pilger auch dann begleiten, wenn er sich auf den Weg macht zurück in das alltägliche Leben. Auf dem Weg durch ein Leben voller Gefahren und Bedrohungen, auf dem Weg durch unser so gar nicht heiliges Leben ist Gott dabei. Oft verschwiegen, kaum wahrnehmbar – aber immer hellwach.

Die Verstorbene hat ihn wohl vor allem so erfahren: eher verschwiegen, jedenfalls eher da, wo nicht allzulaut von ihm die Rede war. Und jedenfalls so, wie ihn *verschlafene* Menschen kaum wahrnehmen. Um zu merken, daß *Gott* wach ist, muß man selber wach werden. Die Verstorbene war das. Sie war auf ihre Weise sehr wach, hatte vor allem einen ungewöhnlich wachen Sinn für das, was sich nicht von selbst versteht. Was es unter *Menschen* heißt, wach zu sein, das konnten wir ja im Umgang mit ihr erfahren. Wir trauern um einen ungewöhnlich wachen Menschen.

Besonders wache Menschen nehmen mehr wahr als

andere. Und sie nehmen intensiver am Leben anderer teil. Sie freuen sich eher mit uns. Und sie sorgen sich stärker um uns. Die Dahingegangene war ein solcher Mensch. Mit großen Augen hat sie in die Welt geblickt. Und mit wachem Sinn hat sie erfaßt, wann es Zeit war, sich mit anderen zu freuen, oder aber Zeit, ihre Sorgen zu teilen. Sie blieb dabei unaufdringlich. Aber gerade so war sie hilfreich: ihren Schwestern eine wache Schwester, der großen Familie eine unaufdringlich gegenwärtige Tante, ihren räumlich Nächsten eine aufmerksame Nachbarin und nicht wenigen Menschen eine unvergeßliche Freundin. O ja, sie hinterläßt Freunde. Hier und im anderen Deutschland, in dem Generationen von Studenten diese Frau verehren lernten. Durch und durch wach – hat sie gerade dort gelebt und gewirkt und mitunter gebangt. Ja, es gab Nächte, in denen wir viel zu wach waren: aus Angst vor dem, was kommen mag. Und doch denke ich gerade an diese hilflosen Stunden besonders dankbar; ich bin noch heute heilfroh darüber, daß unsere Verstorbene damals dabei war – selbst in ihrer Hilflosigkeit hilfreich.

In ihren letzten Lebensjahren hat sie sich dann noch einmal mit wachem Sinn in eine ganz neue Umgebung geschickt: hier in ihrem alten Bremen. Sie hat ihre neue und letzte Heimat von Herzen und mit klugem Urteil bejaht. Und in dem begrenzten Lebensraum, der sich ihr im Johanniterhaus noch einmal eröffnete, war sie besonders für das dankbar, was man nur gar zu leicht für selbstverständlich hält. Zum Beispiel für den Choral, den eine noch viel ältere Nachbarin an jedem Geburtstagsmorgen anstimmte. Die Verstorbene hörte dann nicht nur die Töne und die Worte. Mehr noch hörte sie, wie die Stimme der Neunzigjährigen zusammenklang mit dem, was nicht nur die Welt, sondern uns alle im innersten zusammenhält. Sie hörte die Stimme eines alten Menschen und den Atem Gottes im Zusammenklang.

So war sie unter uns: bedacht auf den Zusammenklang zwischen dem, was vor Augen liegt, und dem, was sich nicht von selbst versteht. Auf den Zusammenklang auch zwischen unserem Glück und unseren Grenzen. Kurz vor ihrem Tod schrieb sie mir, sie sei «recht erschöpft», und fügte hinzu: «wenn auch fröhlich und dankbar erschöpft».

Fröhlich und dankbar – erschöpft: in diesem seltsamen und seltenen Zusammenklang ist ihr Leben ausgeklungen. Sie wacht nicht mehr. Sie ist entschlafen.

Aber der Herr, unser Gott, wacht. Der Hüter Israels schläft noch schlummert nicht. So wie er einst die Pilger über die Schwelle des Heiligtums hinausbegleitete auf dem Weg durch das alltägliche Leben, so begleitet er unser Leben von nun an bis in Ewigkeit. Und gerade da, wo nichts mehr heilig ist, wo nur noch der Tod seine Verwesung wirkt, gerade da umgibt er uns schützend von allen Seiten. Das Kreuz Christi ist das Zeichen dafür, daß Gott dem Tod kein letztes Wort zugesteht. Das letzte Wort hat er, der Hüter Israels, der Vater Jesu Christi, unser Vater. Und dieses Wort heißt: Auferstehung von den Toten; heißt: ihn selber sehen. Kaum wahrgenommen von einer verschlafenen Welt liegt das Licht des Ostermorgens über der vergehenden Schöpfung. Es fällt auch auf diesen Sarg. Und deshalb dürfen wir diese Worte zu uns selber sagen, aber eben auch von unserer entschlafenen Schwester: Der Herr behütet Dein Leben. Der Herr behütet Deinen Ausgang und Eingang von nun an bis in Ewigkeit. Amen.

Die vorliegenden «Meditationen» sind bei verschiedenen Gelegenheiten gehaltene Predigten.

Gott im Totentanz:
Karfreitagsgottesdienst 1974 in der evangelischen Stiftskirche Tübingen.

Gott – für den ganzen Menschen:
Ökumenischer Gottesdienst in der katholischen Johanneskirche Tübingen am 22. Januar 1975.

Der Gott entsprechende Mensch:
Gottesdienst am 20. Oktober 1974 in der evangelischen Stiftskirche Tübingen.

Keine Angst vor der Angst:
Gottesdienst am 1. Juni 1975 in der evangelischen Stiftskirche Tübingen.

Eine Trauerpredigt:
Trauergottesdienst für Käthe Uhl am 28. November 1974 in Bremen.

3 545 27039 4   9081   7924'65